LA RÉPUBLIQUE

EST

SAUVÉE

VOILA

DE

L'ARGENT !

VALEUR RÉELLE

DE LA

BROCHURE

. . . . !

MILLIARDS !

ÉTRENNES DE 1886

Prix Humanitaire et Gracieux : 15 cent.

EN VENTE CHEZ TOUS LES LIBRAIRES DE FRANCE

MARSEILLE
IMPRIMERIE GÉNÉRALE ACHARD ET Cie
Rue Chevalier-Roze, 3 et 5

1886

LA

RÉPUBLIQUE

EST

SAUVÉE

VOILA

DE

L'ARGENT !

VALEUR RÉELLE

DE LA

BROCHURE

.....................!

MILLIARDS !

Prix Humanitaire et Gracieux : 15 cent.

EN VENTE CHEZ TOUS LES LIBRAIRES DE FRANCE

MARSEILLE

IMPRIMERIE GÉNÉRALE ACHARD ET Cie

Rue Chevalier-Roze, 3 et 5

—

1886

UNE SÉRIE DE NOUVEAUX IMPOTS !

Les citoyens signataires des propositions de lois fiscales ci-incluses, estimant que les impôts déjà existants, et ceux projetés sur les biens, meubles et immeubles, les loyers, le revenu, le produit des recettes, le revenu des propriétés bâties et les créances chirographaires, etc., ne sont point suffisants, pour l'établissement d'un budget digne de la République radicale, et pour assurer le bon fonctionnement de son gouvernement ; ont cru faire acte de civisme, en présentant aux Chambres, les projets d'une série de nouveaux impôts, dont la nécessité saute aux yeux des contribuables eux-mêmes.

Il faut de l'argent à la République !

C'est pourquoi nous avons rédigé la présente pétition.

Nous commençons par l'impôt sur l'habillement :

Impôt sur l'Habillement

Nous, soussignés citoyens pétitionnaires, considérant que le port, aux jours non fériés, de vêtements non ouvrables, tels que chemise blanche, ou seulement propre ; pantalon, gilet, redingote, paletot ou jaquette de drap, taffetas, alpaga ou coutil, frais ou seulement propre ; de coiffure non crasseuse, et de chaussures non éculées ou rapiécées ; constitue un costume anti-démocratique, attentatoire au principe d'égalité, que doit reconnaître tout citoyen d'une République démocratique radicale sociale ; attendu que les citoyens travailleurs des villes, de même que ceux des campagnes, ne portent de chemises blanches et de vêtements dits : *Bourgeois*, que les seuls jours fériés ; attendu que le port des dits vêtements, les jours ouvrables, peut être considéré comme celui d'insignes séditieux, susceptibles de soulever l'indignation des classes laborieuses, des bons citoyens, des républicains purs ; pour les raisons sus-énumérées, proposons l'adoption de la loi suivante :

ARTICLE I

Un impôt sera prélevé, sur tout citoyen porteur de linge propre ou de vêtements non usés, tachés ou raccommodés, de coiffures ou chaussures fraîches ou non maculées, en tous autres jours que les Dimanches, les jours fériés et ceux de fêtes nationales.

ARTICLE II
Vêtements d'Hommes

L'Impôt sera réparti ainsi qu'il suit :

Paragraphe 1er. — Deux mille francs par an pour : Frac ou redingote habillée, en drap noir ou de couleur.

2. — Mille cinq cents francs pour : Chapeau à haute forme ou à claque.

3. — Mille francs pour : Pantalon en drap habillé.

4. — Huit cents francs pour : Paletot ou pardessus en drap.

5. — Six cents francs pour : Jaquette ou veston en drap fantaisie.

6. Cinq cents francs pour : Pantalon en drap fantaisie.

7. — Quatre cents francs pour : Gilet en soie, velours de soie ou drap habillé.

8. — Mille francs pour : Changement de deux chemises blanches par jour. ,

9. — Cinq cents francs pour : Une chemise blanche par jour.

10. — Cent francs pour : Changement quotidien de poignets et faux-cols.

11. — Cinquante francs pour : Changement bi-hebdomadaire de chemise blanche (1)

12. — Deux mille francs pour : Bottes ou bottines vernies.

13. — Cinq cents francs pour : Bottes ou bottines non vernies, mais neuves, ou bien cirées.

14. — Deux cents francs pour : Souliers neufs.

15. — Mille francs pour : Gants glacés.

16. — Cinq cents francs pour : Gants de Suède.

17. — Deux cents francs pour : Changement quotidien de costume en coutil, alpaga ou taffetas.

---

(1) On nous a interrompus ici, pour nous dire « d'aller nous laver. » Voici notre réponse : Nous irons nous laver, lorsque les plus purs entre les *purs,* auront fait en famille, la lessive de leur linge sale... et nous continuons.

18. — Cinquante francs pour : Changement bi-hebdomadaire de costume en coutil, alpaga ou taffetas.

VÊTEMENT FÉMININ

Il nous paraît rigoureusement logique et équitable, de faire, au sujet du vêtement de la femme, un article spécial.

Des deux sexes, dont se composent les différentes espèces d'animaux qui peuplent notre globe, le féminin, étant, dans l'espèce humaine, celui qui, de temps immémorial, et présentement, et toujours ; a eu, a encore et aura toujours, le plus de goût, le plus de passion, pour la toilette, le luxe, la parure, et qui y sacrifie le plus d'argent ; c'est ce sexe féminin, dit, galamment, *beau sexe*, qui, en toute bonne justice et conscience, doit supporter le plus lourd poids de l'impôt ; attendu que l'on n'établit point des impôts par galanterie, mais bien, pour qu'ils rapportent le plus possible.

Ceci étant compris, voici comment nous libellons notre troisième article, celui concernant les femmes.

Article III

Un impôt, en numéraire, et point en nature, sera également prélevé, sur toute citoyenne, mariée ou non, qui, hors les dimanches et jours fériés ou de fêtes nationales, sera vêtue d'effets autres que ceux ci-mentionnés :

1· Linge de toile ou de coton, selon la saison ; sans batiste, dentelle ou broderie ;

2° Une robe d'indienne ou de mousseline en été ; une robe de laine en hiver ;

3° Un caraco, manteau ou water proof, également en laine, est admissible en hiver ;

4° Une coiffure en lingerie, sans dentelle ou une coiffure en laine, suivant la saison ;

5° Une paire de chaussures en étoffe ou en cuir, suivant la saison ;

6° Un corset en toile ou en étoffe autre que la soie ou le satin.

Article IV

Le décolletage n'est pas *imposé*, tant qu'il ne dépasse pas les bornes de la décence publique.

ARTICLE V

La flanelle est permise aux deux sexes ; elle *s'impose* d'elle-même aux constitutions délicates.

ARTICLE VI

Les citoyennes, dont, sauf les jours mentionnés à l'article III, l'habillement différera de celui indiqué aux articles III, IV et V, seront soumises à l'impôt ; dont le taux annuel devra varier, entre cent francs et cent mille francs ; suivant l'appréciation faite par experts assermentés, de la qualité et de la valeur des objets de toilette, dont ces citoyennes feront usage.

ARTICLE VII

Le port des étoffes de drap riche, des étoffes brochées, de celles en velours, soie, satin ; de dentelles et batiste ; de fourrures ; de vêtements passementés, brodés, galonnés ; de coiffures ornées de plumes, fleurs artificielles, rubans, aigrettes ou orfèvreries ; ne pourra être taxé à moins d'un impôt annuel variant de dix mille à cent mille francs.

Le présent article VII concerne les deux sexes.

Impôt sur les Bijoux et Parures

ARTICLE I

Un impôt sera prélevé sur tous citoyens et citoyennes possesseurs de bijoux ou parures, en or, perles ou pierres précieuses, tels que : montres, chaines, bracelets, pendants d'oreilles, colliers, agrafes, boutons, boucles, broches, bagues, épingles, etc. ; et d'objets d'orfèvrerie, tels que : services de table, vases, pendules, meubles, ustensiles de ménage, armes, etc. en or ou en argent, ou garnis d'or ou d'argent.

ARTICLE II

Le dit impôt sera fixé, d'après appréciation et rapport d'experts assermentés, à une somme variant entre deux francs et un million de francs par an ; suivant la valeur et la quantité des objets imposables.

Impôt sur les accessoires de la toilette, ou appendices aux formes féminines.

ARTICLE I

En principe : les faux arrière-trains, faux-ventres, fausses-gorges, faux-cheveux et faux-molets, destinés à nous en imposer, sont imposables.

ARTICLE II

En pratique : les faussetés féminines énumérées dans le précédent article, seront taxées à une somme croissante en raison inverse des nécessités plastiques de la contribuable. Les experts en cette matière, seront choisis parmi les artistes sculpteurs et modeleurs les plus sérieux.

Impôt sur les Célibataires

ARTCILE UNIQUE

Les citoyens célibataires seront grevés d'un impôt annuel de trente sous ; comme les chiens de la seconde catégorie, qui ne sont point des animaux de luxe.

L'impôt sur le célibat ne frappe point les citoyennes ; celles-ci resteront libres de coiffer gratis Sainte-Catherine.

Impôt sur le Mariage

L'homme qui prend femme, privant ses concitoyens d'une épouse possible ; et la femme qui prend un mari, privant ses concitoyennes d'un époux auquel elles pouvaient prétendre ; il est juste que ces deux satisfaits (?) donnent à la société un dédommagement, en payant le tribut de leur bonheur (?) ce tribut nous semble devoir être exigé sous forme *d'impôt sur le mariage.*

Les soussignés citoyens et citoyennes pétitionnaires, adressent donc aux deux chambres, la suivante proposition d'impôt.

ARTICLE I

Un impôt, ou *taxe conjugale,* sera prélevé sur tous citoyens et citoyennes qui s'uniront par les liens du mariage.

Article II

Paragraphe 1. — Le citoyen qui, avant l'âge de trente ans, fera un mariage de convenance, sera soumis à une taxe de dix francs par an ; comme les chiens dits de luxe, qui sont les vrais *amis de la famille.*

2. — La taxe sera de cinquante pour cent, sur la dot de sa femme, pour le citoyen qui, n'apportant à la communauté que *sa tête*, épousera une jeune belle et riche héritière.

3. — La taxe conjugale n'atteindra pas le citoyen jeune et riche qui épousera une fille sans dot.

4. — Seront également exempts de l'impôt, les citoyens et citoyennes pauvres, qui s'épouseront par amour ; à la condition expresse qu'ils soient sains de corps et d'esprit, actifs, laborieux et en état de subvenir à leur existence.

5. — La taxe conjugale sera de 0,50 centimes par tête de conjoint, pour les citoyens et citoyennes hors d'âge, qui apporteront en ménage une somme moindre de cent francs.

6. — Les citoyens mâles étant nécessaires à la patrie, une taxe de soixante francs par an, sera prélevée, sur tout citoyen, qui, au bout de sept mois de mariage n'aura pas encore eu d'enfant ; ou qui n'aura que des filles, ou des garçons contrefaits, impropres au service militaire, et à fournir de la chair à canon.

◆

Impôt sur l'obésité

Puisque pour avoir le droit de respirer, nous payons l'impôt des portes et fenêtres, il nous paraît juste que l'on impose les gens démesurément obèses, dont les trop puissantes inhalations, exhalations et émanations, accaparent et vicient la plus grande partie de l'air respirable, dans tout espace peu aéré ; dont la large carrure prend trois fois plus de place qu'ils n'en payent, dans les voitures publiques, et dont le poids désastreux assassine les pauvres bêtes qui les traînent.

Article Unique

Il sera établi dans chaque ville, dans un bureau *ad hoc* des balances spéciales, en nombre proportionnel à celui de la population. Ces balances seront affectées au pesage des citoyens et citoyennes ; lesquels seront tenus de venir une fois l'an, faire vérifier leur poids intrinsèque. Tout citoyen ou citoyenne dont le poids, dans la balance nationale, dépassera un chiffre raisonnable fixé, devra payer une taxe de 25 francs par kilo excédant la limite du poids réglementaire.

Impôt sur la table

Quoique les denrées alimentaires soient déjà beaucoup trop chères et suffisamment taxées, nous proposons de prélever un impôt sur les citoyens et citoyennes qui font des gueuletons à vingt francs par tête, et au-dessus, et se piquent le nez avec des vins à 5 et 10 francs la bouteille.

Impôt sur le théâtre

Nous proposons également d'imposer les citoyens et citoyennes, qui louent à l'année des loges, où ils viennent bailler une fois par hasard chaque hiver ; ainsi que ceux qui, dans la salle, pendant la représentation, font tout haut la causette, comme s'ils étaient au foyer.

Impôt sur les chevaux de courses

ARTICLE UNIQUE

Moyennant un impôt annuel de cinq cent mille francs par bête, les citoyens gentlemen-riders, seront libres, sur la piste, de se faire enfoncer autant de côtes qu'ils en peuvent posséder, et casser les membres à l'avenant.

Impôt sur le bruit

Nous proposons de *forts* impôts, sur les clairons, les pianos plus ou moins bien accordés, le violon mal joué ;

les détonations d'armes à feu, même en temps de guerre,
de pétards ou pièces d'artifices ; les claquements de fouets ;
les sifflements de locomotives et de machines à vapeur ;
les voix criardes, les perroquets, les chats, les merles, les
hurlements de citoyens en goguette, ou en réunion
électorale, la musique de certains compositeurs, plus ou
moins en vogue, et l'interprétation de quelques virtuoses.

Impôt sur le papier imprimé

Nous proposons un impôt de dix sous par ligne, sur les
trois quarts et demi des articles de journaux. On peut
bien payer cela, quand on a les moyens et la prétention
d'interprêter, guider, influencer et même morigéner chaque jour, l'opinion publique ; cinquante centimes par
ligne, ce n'est pas acheter trop cher la liberté exorbitante
de se mêler de tout, de parler de tout ce qui concerne son
pays, ses compatriotes, ses voisins et le monde entier !

De plus, nous proposons, sans crainte de mal faire,
d'imposer à cent francs par ligne, les œuvres des citoyens
Émile Zola, Jean Richepin, Alexis Bouvier, Jules Boula-
bert, Louir Noir, et de plusieurs autres contemporains,
dont l'invasion dans le domaine littéraire, est plus désas-
treuse, que ne le fut celle des barbares dans l'empire Ro-
main.

Impôt sur le duel

Un impôt de deux millions par an, laissera aux citoyens
rageurs, ayant la tête trop près du bonnet, la liberté *pré-
cieuse* d'échanger coups de pistolets, fusils, carabines,
révolvers, tromblons, canons, mitrailleuses, bâtons. mas-
sues, lances, javelots, zagaies, crics malais, flèches empoi-
sonnées, haches, épées, sabre, fleurets démouchetés, poi-
gnards et canifs, jusqu'à concurrence de deux par mois,
donnés ou reçus. Passé ce chiffre réglementaire, le gouvernement percevra un droit de mille francs. sur tous
les coups des armes susdites, qui auront porté ; qu'ils
soient donnés ou reçus.

ARTICLE II

Tout citoyen témoin dans un duel, sera soumis à une
taxe de cinquante mille francs, pour la première fois, et

de dix mille francs en sus, à chaque récidive. Ce n'est pas payer trop cher, l'honneur et le plaisir, d'assister ses amis en pareille circonstance.

ARTICLE III

Le duel moins aristocratique, consistant en gourmades, bourrades, camouflets, gifles, taloches ou autres horions et coups de pieds, de poings, de dents ; voire même chiquenaudes, pichenettes, nazardes, croquignoles et égratignures, ou procédés similaires, que la gentillesse humaine peut imaginer, sera tarifé à cinq mille francs, par geste agressif, pour les citoyens peu fortunés et à dix mille francs pour les citoyens dans l'aisance Les citoyens rageurs indigents, paieront, au violon, l'impôt de leur vivacité.

Impôt impossible

Enfin, poussés par notre zèle pour le radicalisme égalitaire, et pour faire plaisir au citoyen Emile Zola, l'argotier ventru ; nous proposerions bien d'imposer les aristos qui se permettent de connaître et de bien parler et écrire leur français ; si le nombre de ces phénomènes n'était maintenant si petit, même à l'Académie, que cet impôt ne serait pour ainsi dire de nul rapport.

Impôt sur le Jargon socialiste

Comme compensation à la précédente lacune, dans nos projets de lois fiscales, nous proposerons : l'Impôt sur le Jargon socialiste. Ici nous ne nous heurtons pas à la rareté de la matière imposable, et les contribuables sont nombreux. C'est même un des impôts qui rapporteraient le plus. Donc, allons-y :

ARTICLE UNIQUE

Tout citoyen orateur, candidat, tribun, ou conférencier populaire paiera la taxe fixée dans le présent article, autant de fois qu'il prononcera dans son discours, les mots suivants, ainsi tarifés :

Liberté. — Considérant l'abus que l'on en a toujours fait, et que l'on en fait de nos jours, ce mot devrait

être côté superlativement , mais, nous sommes libéraux
et nous ne le grèverons que de : cent francs.

Egalité. — Le sens de ce mot est joliment fantaisiste,
et son emploi des plus fantastique : ça vaut cinq mille
francs, comme un sou.

Fraternité. — Bien jolie expression ; mais ça ne vaut
guère que cinquante centimes.

Solidarité. — Dix mille francs. Ce n'est pas trop à
cause de l'abracadabrance du mot.

Prolétariat. — C'est bien pauvre ! Mettons cela à un
franc vingt-cinq centimes.

Affranchissement des Travailleurs. — C'est esbrouf-
fant ; ça vaut bien quinze francs.

Libre-Pensée. — La pensée est certainement la chose
la plus libre et même peut-être, la seule chose libre ;
cette expression est donc d'une naïveté qui frise l'ineptie,
et circonstance aggravante, elle est très employée, nous
la mettrons à mille cinq cents francs.

Tyrannie du capital. — Cette expression vaut bien
de l'argent ! Nous ne pouvons la taxer à moins d'un
demi-million, et c'est vraiment laissé pour rien.

Civisme. — Qu'est-ce que ça peut bien valoir cela ?
Quelque chose comme cent sous ou dix centimes.

Emancipation de la femme. — Impossible de taxer
cela, c'est *impayable.*

Il y aurait quantité d'autres expressions patentables ;
mais leur nomenclature nous mènerait trop loin : il faudrait faire un glossaire avec le prix de chaque mot en
regard. Nous laissons ce soin à qui il incombe.

UN DERNIER IMPOT

N'ayons rien à regretter et pendant que nous y sommes mettons en avant un dernier impôt, non moins mo-
tivé que les autres : il faudrait taxer à un prix *raisonnable*, la manie de certains amateurs qui, affectés d'une
névrose particulière, apprécient en toutes choses, le
contenant de préférence au contenu ; ce qu'ils remar-
quent c'est : le cadre d'un tableau, le harnais d'un che-
val, la couverture d'un livre, la robe d'une femme. la
forme d'une bouteille, la teinte même fausse d'une che-

velure, l'étiquette d'un produit; voilà ce qui les enchante. Il serait juste, il faut l'avouer, que la bourse de ces gens-là, fut responsable de leur manque de goût et de jugement.

Il ne suffit pas de rire des niais et des extravagants, tâchons aussi de les corriger. si cela est possible. Le seul moyen d'y essayer est de leur faire payer leur sottise.

LA MANIÈRE DE S'EN SERVIR

Pour peu que nos législatifs — mettons législateurs — se sentissent disposés à écouter nos conseils (et qui sait ! pourquoi pas ?) nous leur glisserions délicatement celui-ci dans le tuyau. Il importe de ne point effaroucher le contribuable : ce qui arriverait, si l'on prenait au sujet de sa bourse, des...mesures trop promptes et trop radicales. Il serait bon de procéder d'abord avec une modération relative ; d'opérer un curage lent et discret, quoique persévérant ; de n'exhiber l'arsenal des impôts proposés, que peu à peu, par degrés, avec ordre et prudence. On plumerait comme cela le...sans le faire crier. Voilà la manière de s'en servir. C'est ainsi que l'on peut, dans un laps de temps avouable, et en coulant les choses en douceur, faire passer l'argent d'un pays, dans les caisses de l'Etat ; car, en somme, tout l'art de gouverner est là : il consiste à mettre *les tas sur l'Etat* ce qui constitue *l'Etat d'argent, (les tas d'argent)*. Eh ! qu'importe d'appauvrir le pays, pourvu que l'Etat soit riche !

PROPOSITION DE LOI

Nous disons comme conclusion, que si malgré nos ménagements, le contribuable ingrat, méconnaissait les procédés de haute délicatesse, de notre système fiscal, si, chargé déjà d'un assez joli poids de contributions et mis à sec complètement par les nouveaux impôts que nous proposons, il prétendait ne pouvoir ni ne savoir trouver de l'argent, pour donner à l'Etat ; voici les mesures de rigueur que nous proposerions.

ARTICLE I

Tout citoyen contribuable est tenu d'avoir constamment à la disposition de l'Etat, une somme d'au moins cent mille francs, et s'il ne l'a point, de se la procurer ; faute de quoi, il sera passible de la saisie mobilière et immobilière, et s'il n'a point d'immeuble, ni même de meubles, de la contrainte par corps et d'une peine de dix à 20 ans de prison.

ARTICLE II

En cas de récidive, l'emprisonnement est perpétuel ; et si le délinquant a la vie trop longue, l'Etat se réserve d'y porter remède ; car il ne peut ni ne doit nourrir à perpétuité des citoyens qui ne seraient plus imposables.

Les signataires

LE CABIRE AIR-DE-FER, président du syndicat des ouvriers mineurs de Formose ;

BON-NID, inventeur de la couverture menfoutiste galvanisée, garantie contre les intempéries de la politique : des machines à souder à l'eau frappée et du jet d'eau suspendu sur toitures et balcons ;

VISONS, ouvrier armurier, spécialité des canons de fusil cintrés, pour tirer dans les chemins de traverse ;

TRÉMOU, spécialité pour la trempe des burins à sculpter le beurre ;

VADROULYÉR, secrétaire de l'Académie des Va-t'en-voir; (société d'explorations scientifiques et géographiques ;)

PIQUONÇA, tailleur spécialiste, coupe tonkinoise;

TOUCHARD, fabricant d'éponges à poncer les situations délicates ;

BELŒIL, ouvrier opticien, spécialité des longues-vues coudées propres à observer l'horizon politique;

DAVALÇA, pharmacien-chimiste, préparateur des pilules dorées, pour le traitement de la scepticialgie ou duracuiralgie ;

LONGBOUT, directeur de la compagnie des téléphones inter-planétaires ;

BOBINARD, mercier, spécialité des cotons rouges à matriculer les verres de lampes ;

GNAFABORD, fabricant de chaussures, inventeur des souliers-torpilleurs à l'usage de la marine-coloniale ;

GARGARIN ET LOQUASSIER, inventeurs du laryngo-harmonica-perpétuel, à l'usage de messieurs les ténors, orateurs, prédicateurs et autres enchanteurs ;

LOUIS DURIEST, fabricant du cornet-acoustique sénatorial ;

TAPATOU, forgeron, spécialiste pour les marteaux à planer les verres de lanterne magique ;

TURLURIN, fabricant de jouets, spécialité du casse-tête chinois ;

Les citoyens VENTRAILLON ET TRIPAILLARD, gargotiers en retraite, et libres-pansards ;

ROUBLARDIER. inventeur du fauteuil parlementaire rotatif et locomobile, pour l'évolution instantanée des députés en séance, et le transport de leurs convictions aux points les plus opposés ;

GOBICHON, épicier retraité, commanditaire de toutes les sociétés anonymes industrielles ou autres ;

CASCADROUILLE, ex-professeur de danse, de maintien et de belles manières, inspecteur des chemins de fer pyrénéens ;

FILOUTARD, agent d'affaires véreuses, membre du conseil municipal de Bouzi-les-vaches-à-lait ;

BAMBOCHINI, ex-élève du conservatoire de Patoulard-sur-l'Art, cabotin de première classe, joue les personnages muets et les cris d'animaux, avale des sabres au besoin ;

ROBESPIERRE-ESCOBARD, entrepreneur d'édifices scolaires sans fondements, pour faciliter la laïcisation des batraciens pourvus ou non de l'appendice caudal ;

FOUTILLON, directeur politique du journal *Le Monde à l'Envers* ;

COQUILLARD, ouvrier typographe, inventeur de la presse à mouvement perpétuel, pour l'impression des ouvrages sans queue ni tête ;

Les citoyennes SULFURINE, VITRIOLINA et CLARA PUTA, oratrices populaires, libres-penseuses, libres- diseuses et libres faiseuses ;

Les citoyens PETROLINO, DYNAMITARDINI et RAMASSETOUT, orateurs populaires anarchistes, condamnés politiques graciés, futurs candidats à la députation ;

EMILIO PASQUINO, régisseur du théâtre de *Guignol-Aristophane*.

Nous ajouterons, sous peu, aux précédentes signatures celles des membres du conseil d'administration des syndicats, cercles, réunions et groupes ci-après désignés :

Société des travailleurs (?) producteurs (?) emballeurs, blagueurs. loupeurs, licheurs et avaleurs réunis.

Les Va-d'la-gueule, (réunion des avocats d'avenir et des beni-bouf-tou).

Les Libres-Panés, (groupe d'études sociales.)

Société coopérative des fabricants de pas-grand-chose et des ouvriers en rien-du-tout.

Les Rastiboisés, (société de secours mutuels.)

Association des Amis de la Fortune, pour l'exploitation de celle des autres.

Les Goinfres ; Les Voraces ; Les Sauriens ; et plusieurs autres groupes de citoyens insatiables et insociables.

FIN

Marseille le 1er Janvier 1886.

TABLE DES MATIÈRES

Marseille. — Imp. Gén. Achard et Cie, rue Chevalier-Roze, 3.